SOMOS LOS
ROMANOS

LIBSA

© 2025, Editorial Libsa
C/ Puerto de Navacerrada, 88
28935 Móstoles (Madrid)
Tel.: (34) 91 657 25 80
e-mail: libsa@libsa.es
www.libsa.es

ISBN: 978-84-662-4349-0

Textos: Carla Nieto Martínez
Ilustración: Ellie O'Shea · Advocate Art

DL: M 16911-2024

CONTENIDO

SOY EMPERADOR

¡Ave, lectores! El emperador Adriano os saluda. Tengo el honor de ser uno de los más de 250 líderes supremos que gobernaron y contribuyeron a la expansión del poderosísimo Imperio Romano.

Soy el ciudadano más importante, el que tiene más poder y el más respetado. Es fácil distinguirme por la corona de laurel que luzco en la cabeza (símbolo del carácter de semidios que nos atribuyen) y la cantidad de títulos que ostento: *Imperator* (o «comandante supremo del ejército»), máximo pontífice, príncipe del senado y, a partir de Claudio, también «César» (que significa «hermoso»).

Hay emperadores que no te devuelven el saludo a no ser que recites todas estas denominaciones, pero a mí, con que me llaméis Adri –con respeto, eso sí–, me vale, ya que no he caído en el divismo de otros (y eso que soy uno de «los cinco mejores», según la Historia).

Para ser emperador tienes que estar muy preparado política y militarmente, y rodearte de buenos asesores (esto es lo más difícil), pero, sobre todo, amar a Roma.

Solo teniendo estas cualidades es posible gobernar todos los reinos del Imperio, organizar celebraciones religiosas, administrar el dinero público, controlar el calendario, despachar con embajadores, condenar o indultar a un acusado, proponer o eliminar leyes…

También tengo la enorme responsabilidad de elegir a mi sucesor y de mantener a raya al Senado (¡qué ganas tienen algunos políticos de hacerme sombra!). Por suerte, cuento siempre con la inestimable ayuda del ejército.

▶ Históricamente, entre todos los emperadores que gobernaron Roma se han destacado dos grupos: los «buenos» o «ejemplares» (Nerva, Trajano, Adriano, Antonino Pío y Marco Aurelio) y los «malos» (Nerón, Domiciano y Calígula).

CALÍGULA Y NERÓN

Ambos son famosos no por sus dotes de mando sino por sus excentricidades. Calígula nombró cónsul a su caballo, Incitato, al que sentaba a su mesa (brindis incluido) y le construyó una villa propia con sirvientes que lo atendían. Nerón enloqueció nada más llegar al poder. Era un fanático de la lira, instrumento que, según se cuenta, tocó con gran deleite mientras observaba sin inmutarse el voraz incendio que destruyó buena parte de Roma (y que se sospecha que él mismo provocó).

Calígula

Nerón

Aunque algunos salieron «rana» –Calígula y Nerón, sin ir más lejos–, la mayoría nos esforzamos por proteger el Imperio, expandir el «estilo de vida romano» (el mejor) y prolongar la tranquilidad y la prosperidad de la *Pax Romana*.

Todos hemos dejado nuestra huella histórica en forma del *copyright* de los espectaculares monumentos romanos que aún siguen en pie. En mi caso, diseñé el Panteón, aunque pienso que el más espectacular de todos los edificios es el Coliseo, idea de Vespasiano, quien, por cierto, también será recordado por otra «olorosa» iniciativa: su «impuesto de la orina», sustancia muy valorada en Roma por sus propiedades limpiadoras…

▶ El primer emperador fue Octavio Augusto, y a partir de él, todos sus sucesores fueron «jefes absolutos» de lo político, militar y religioso. Por eso, en las estatuas se les representaba con ropas y atributos de estas tres «versiones» de su poder.

5

SOY POLÍTICO

No se puede entender Roma sin su sistema de gobierno… y viceversa. Y ni uno ni otro serían posibles sin el trabajo de los políticos. Me presento: soy Licinius Silvanus, senador de la República y político de profesión.

El sistema político de Roma se basa en tres conceptos que lo hacen diferente a otros gobiernos: los cargos públicos son temporales y por elección; la división de poderes y la idea de ciudadanía.

Todos los ciudadanos romanos, excepto mujeres y esclavos, pueden participar en el gobierno, pero hay «atajos» que lo facilitan. El principal es tener dinero (lo que limita bastante las posibilidades de los plebeyos o ciudadanos de a pie). También suma puntos ser popular (es decir, *influencer* con muchos seguidores).

Hacer la carrera política (*cursus honorum*) supone ir ocupando distintos cargos, y el más importante es el mío: senador. Formamos parte del Senado los más «veteranos» (con más experiencia en la vida pública), y somos los responsables de las grandes decisiones políticas, además de aconsejar al resto de los funcionarios, dictar leyes, declarar la guerra y firmar la paz; nombrar a los jefes del ejército; controlar los gastos…

El Senado está dirigido por dos magistrados principales, los cónsules, que solo gobiernan un año (para evitar la tentación de «acostumbrarse» a mandar).

Se nos identifica fácilmente por la elegante toga que llevamos: blanca la de diario y con una franja púrpura (*toga praetexta*) en la Curia.

Vivimos muy bien, somos muy respetados y aunque el sueldo varía de una época a otra, siempre supone un honor –y una oportunidad– ejercer como senador romano.

Tomamos decisiones en la Curia, en unas reuniones que a mí siempre me producen dolor de cabeza, ya que en ellas se desata la lucha de esos «egos» tan subidos de muchos de otros políticos: más que una sesión de trabajo son una locura: unos hablan sobre otros, y hay gritos, abucheos y pataletas. Somos unos 600, así que os podéis imaginar lo difícil que es ponernos de acuerdo.

Más tranquilos son los discursos ante la población congregada en la explanada del Campo de Marte, pero siempre hay algún forcejeo o intervención soporífera (muchos hablan durante horas… solo para robar tiempo a otros).

EL *CURSUS HONORUM*

El objetivo de la política romana era evitar que el poder se concentrara en una persona o un grupo. Por eso se «limitaba» el tiempo de permanencia en cada una de las magistraturas que incluía la carrera política: cuestor (encargado de hacienda); edil (mantenimiento de la urbe); pretor (administración de justicia); cónsul (poder ejecutivo y jefe religioso) y censor (control del censo y contratación de las obras públicas). Menos los cónsules, el resto se elegía mediante unos comicios.

Casi todos los grandes monumentos romanos se construyeron en la República, y todos llevan la inscripción SPQR, que significaba *el pueblo y el Senado romano*.

Para dirigirse al pueblo, los políticos se subían a una plataforma situada en la explanada del Foro romano llamada *rostra* (que eran los espolones de los barcos vencidos, usados como decoración, para que fueran visibles por todos los ciudadanos).

Durante la República, el Senado funcionaba como una especie de Parlamento y era el máximo órgano de gobierno (consultivo y legislativo). En el Imperio perdió poder, pero siguió teniendo peso, sobre todo en las provincias, y tuvo un importante papel como órgano asesor del emperador.

7

SOY ABOGADO

Nuestro sistema de justicia y nuestras leyes –el derecho romano– son tan buenos que siguen vigentes siglos después. Y en ese «éxito» tenemos mucho que ver los abogados. Yo, Paulo, soy uno de ellos.

«Si me necesitas, llámame». Eso es lo que significa *advocatus*: «el que entiende de leyes para socorrer a los sedientos de justicia». Resolvemos los conflictos con la autoridad (derecho público) y los pleitos entre ciudadanos (derecho privado), siempre bajo tres «consignas»: «justicia», «igualdad de todos ante la ley» y «todo el mundo es inocente hasta que se demuestre lo contrario».

Para ejercer como abogado hay que dominar la oratoria y conocer muy bien las leyes, para lo cual, lo mejor es formarse en alguna de las Escuelas de Derecho repartidas por el Imperio (yo estudié cuatro años en la de Alejandría), pero si no es posible, hay un «plan B»: preparar cada juicio con la ayuda de un jurisconsulto, maestro experto en leyes, aunque no es abogado de profesión.

Además, se nos exige honorabilidad (ser personas rectas e intachables), total dedicación (nos levantamos al amanecer y pasamos casi todo el día con el cliente), dignidad y paciencia y habilidades como saber redactar todo tipo de documentos.

Los juicios se celebran en las basílicas y sea cual sea la sentencia, debo rendir cuentas ante un Gran Tribunal.

Estamos sujetos a unas reglas muy estrictas (si las rompes, te expulsan de la profesión): por ejemplo, está prohibido usar trucos «sucios» (complicar innecesariamente un caso); un abogado «novato» nunca puede enfrentarse a uno veterano en un mismo juicio; y, sobre todo, debemos respetar el juramento *calumniae*, por el que nos comprometemos a no traicionar a

nuestro cliente y dedicarnos en exclusiva a su defensa (aunque sea el personaje más desagradable de la urbe…).

En la República, los abogados trabajaban gratis, pues se consideraba un «honor» servir al estado (de ahí proceden los «honorarios» que nos pagan), pero en la Roma imperial cobramos buenos sueldos y contamos con un gran prestigio social. Podemos ocupar cargos públicos, participar en magistraturas y, además, ser *advocatus* es una vía directísima para entrar en política…

EL ARTE DE LA ORATORIA

Ser un buen orador era fundamental no solo para que el abogado expusiera el caso de forma adecuada y comprensible, sino también para convencer al público. Por eso, para mejorar su oratoria, muchos acudían a las Escuelas de Retórica (casi todas dirigidas por oradores griegos). Además de hablar bien, debían entrenarse en tres «puntos fuertes»: producir admiración en los oyentes; proporcionar esperanza a los necesitados y conseguir la gratitud de los que se veían favorecidos por su discurso.

▷ Durante siglos, las leyes romanas se transmitieron oralmente hasta que en el siglo v a.C. unos legisladores (*decenviros*) las recopilaron de forma escrita en 12 tablas que se expusieron en el foro, de forma que todos los romanos tuvieran claros sus derechos y deberes.

▷ Una gran aportación del Derecho Romano fue el *ius gentium*, que recogía los principios universales que se aplicaban a todas las personas, independientemente de su nacionalidad o clase social, y que se considera la base de los derechos humanos tal y como los conocemos hoy.

SOY LEGIONARIO

Me presento: soy Tito Calidio Severo, soldado de profesión, y formo parte de una de las legiones que tanta gloria y éxitos han dado al Imperio romano. Mi cargo es el de centurión.

A los soldados romanos se nos conoce como legionarios porque formamos grupos (*legiones*) de hasta 6 000 hombres. Defendemos los territorios y asumimos misiones importantes como construir nuevas calzadas –imprescindibles para transportar tropas y suministros– y patrullar las ya existentes.

Puede ser legionario cualquier soldado romano menor de 45 años. La mayoría ingresamos en el ejército a los 16 años, y tras 10 años de intensísima formación, nos pueden llamar a filas en cualquier momento.

Cada legión está a las órdenes de un legado y consta de 10 unidades (*cohortes*) que a su vez se dividen en centurias de 10 legionarios, al frente de las cuales estamos los centuriones. Hay soldados superespecializados, como los jinetes o los «legionarios-rana» (nadadores) y también personal auxiliar (portadores de equipaje, mensajeros, cirujanos).

¿Nuestro secreto? Buena organización, entrenamiento brutal, disciplina férrea y técnicas de combate tan ingeniosas como la de «la tortuga» (*testudo*), en la que nos cubrimos por todos lados con los escudos, haciendo un «caparazón protector» del grupo.

Portamos armas «ligeras», como el *gladius* (espada corta) y la jabalina, y otras más «pesadas» como el onagro (catapulta gigante que lanza bolas de alquitrán), cuyas piezas transportamos y reconstruimos en la línea de combate. El *outfit legión* es inconfundible: casco con cresta (penacho) y sandalias de cuero atadas al tobillo (cáligas).

Durante las campañas militares –que duran meses o años– vivimos en fortalezas amuralladas rodeadas por un foso («campamentos»). Trabajamos 24/7, pasamos mucho tiempo fuera de casa y corremos riesgos, pero no hay mayor honor que servir al Imperio y al emperador.

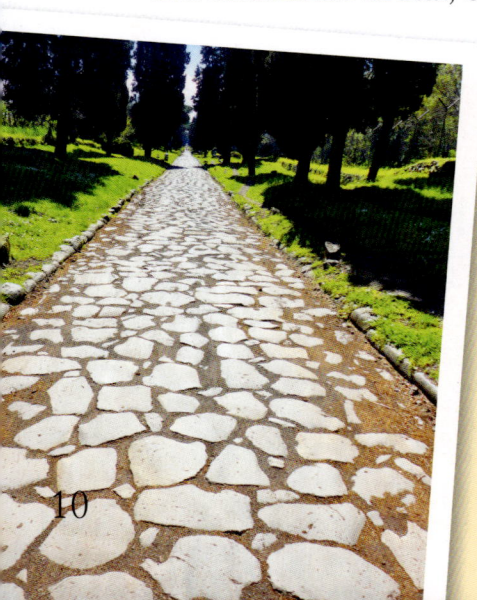

Red viaria del Imperio romano.

LAS CALZADAS ROMANAS

Durante 800 años, los legionarios fueron construyendo la red de calzadas. Cavaban una zanja del ancho deseado; la rellenaban con capas de arena, escombros y piedra molida, y finalmente la cubrían con piedras planas para conseguir un firme estable. Estas calzadas eran fáciles de recorrer, tenían hitos indicadores de distancias, áreas de descanso y abrevaderos para caballos. La red era tan extensa que se decía que «todos los caminos llevan a Roma». Muchos de sus tramos aún se pueden recorrer.

Además –todo hay que decirlo– cobramos un buen sueldo (con «extras» por batalla ganada), conocemos muchos lugares y, cuando nos jubilamos (tras un mínimo de 25 años de servicio), nos «condecoran» con una estupenda pensión y tierras en propiedad.

▶ Además de las legiones, existía la «guardia pretoriana», militares encargados de la seguridad del emperador (y que tenían influencia política) y los *auxilia*, tropas de refuerzo de las legiones, formadas por soldados que no tenían la ciudadanía romana pero que juraban servir al Imperio.

▶ Aunque tenían un buen sueldo, los legionarios tenían que pagar de su bolsillo la comida. Eso sí: recibían una ayuda para comprar sal, un alimento muy caro en ese momento y fundamental para conservar los alimentos. Esta ayuda era el *salarium*, de donde procede el término «salario».

11

SOY VESTAL

Me llamo Popilia y soy una de las pocas –y selectas– sacerdotisas vestales que consagran su vida a una «misión» que, aunque puede parecer sencilla, es fundamental para que Roma esté libre de peligros y catástrofes.

La religión romana es «cosa de hombres» con la excepción de las sacerdotisas: las *flaminicae* y las vestales, que oficiamos el culto a Vesta, diosa protectora del hogar y la comunidad. Vigilamos 24/7 los 365 días del año el fuego sagrado que arde en su templo y que simboliza el dominio eterno de Roma, por lo que si se apaga, una desgracia puede cernirse sobre el Imperio.

Ser vestal supone dedicar 30 años de tu vida a esta tarea (sin casarte ni tener otro oficio). Procedemos de familias patricias e ingresamos en el colegio de sacerdotisas antes de los 10 años tras superar unos criterios de selección: ser hijas de ciudadanos romanos, no tener ninguna cicatriz, gozar de buena salud …

Los primeros 10 años aprendemos todo lo relacionado con el culto a Vesta y las tareas del templo. Los 10 siguientes, ya como sacerdotisas, nos encargamos de mantener viva la llama del fuego y organizamos las ceremonias de consagración. La última década somos maestras de novicias. Todo este tiempo estamos supervisadas por nuestra jefa, la *Vestalis maxima*.

Vivimos en la Casa de las vestales, una miniurbanización en el Foro en la que, además del templo, hay otras estancias a las que tenemos acceso: el patio, el atrio, las piscinas…

Llevamos túnicas blancas de lino con un hilo púrpura y una diadema en la cabeza. Gozamos de muchos privilegios (a diferencia de las demás mujeres): no estamos bajo autoridad masculina (somos «hijas del Estado»); podemos tener propiedades y hacer testamento; llevamos escolta; participamos en actividades oficiales, y disponemos de asientos VIP en los espectáculos.

Como figuras casi sagradas, nuestra palabra se considera «de ley» y podemos perdonar a condenados a muerte. Infundimos tanto respeto que el mismísimo emperador agacha la cabeza si se cruza con nosotras.

Pasados los 30 años, recibimos una pensión vitalicia y quedamos liberadas para casarnos. Y no me faltan pretendientes, ya que casarse con una «vestal emérita» da mucho prestigio…

LAS *FLAMINICAE* Y EL CULTO IMPERIAL

Eran sacerdotisas dedicadas al culto de las emperatrices y mujeres de la casa imperial. También gozaban de honores y prestigio social, y a diferencia de las vestales, estaban casadas con el *flamen* (encargado del culto al emperador). Se elegían por un criterio económico (debían aportar una dote destinada a pagar los gastos de las festividades). Muchas ostentaban el sacerdocio perpetuo como reconocimiento a sus méritos. Se hacían notar por su *look* cargado de joyas y sus peinados ostentosos.

Si el fuego sagrado se apagaba el castigo para la vestal que estaba a su cargo era terrible: era condenada a una muerte que consistía en depositarla en un habitáculo bajo tierra, con muy poco alimento e iluminado por una llama, en el que aguantaban con vida muy pocos días.

La *Vestalis maxima* pertenecía al Colegio de Pontífices (formado por los sumos sacerdotes), la institución encargada de custodiar los documentos más importantes de la ciudad: los tratados de paz, los libros sagrados y textos confidenciales, como los testamentos de las vestales.

SOY INGENIERO

Me llamo Demetriano y ejerzo uno de los oficios que tienen más trabajo y prestigio: ingeniero. Parte del legado de la ingeniería romana (acueductos, calzadas…) aún sigue en pie, demostrando nuestra habilidad para idear estructuras bellas y funcionales.

Los ingenieros tenemos mucho que ver en la expansión del Imperio. En realidad, este oficio supone ser a la vez ingeniero, arquitecto y constructor, ya que más que una obra en sí misma, lo que nos encargan son soluciones ingeniosas para mejorar la ciudad.

Nunca nos falta trabajo (ni un buen sueldo) porque el estado invierte mucho en infraestructuras, y, además, nos da total libertad para ejecutar el encargo. Planifico concienzudamente cada proyecto: primero, compruebo las características del terreno (aire puro, agua cerca…); después, hago el diseño, y a partir de ahí me pongo manos a la obra con la ayuda de capataces, albañiles y canteros.

Disponemos de muchos materiales y herramientas (la mayoría inventados por nosotros), pero el gran hallazgo es el hormigón, gracias al cual nuestras estructuras se mantienen intactas.

▶ Una construcción muy popular fueron las *insulae*, edificios de varias plantas y muchas viviendas en los que vivían los habitantes más pobres de Roma.

EL ACUEDUCTO, LA MAYOR OBRA DE INGENIERÍA DE TODOS LOS TIEMPOS

Como no tenían cañerías, los romanos inventaron un sistema para transportar el agua de embalses y manantiales y asegurar el suministro a toda la ciudad: el acueducto, una obra de ingeniería avanzada, en la que se emplearon técnicas precisas de medición, arcos, canales de piedra y puentes, con muchos kilómetros de recorrido y que permitió abastecer de agua a todo el Imperio. Además, reprodujeron el sistema de circulación de agua de los acueductos en el alcantarillado subterráneo.

Acueducto de Segovia (España).

Dominamos todo tipo de técnicas, pero nuestra especialidad son los arcos: además de dar solidez a la obra, quedan muy bonitos, y por eso los incluimos en puentes, bóvedas y, por supuesto, en nuestra construcción más emblemática: el acueducto.

Aunque nunca perdemos de vista la estética, los ingenieros somos «hombres prácticos», y nuestro objetivo es dar respuesta a las necesidades del Imperio: protección (murallas, instalaciones defensivas); ocio (circos, teatros, anfiteatros); culto (templos); conducción de agua (alcantarillado, fuentes); habitabilidad (pavimentación, calefacción central) y, especialmente, las comunicaciones entre las urbes: ahí está la «calzada romana», con sus miles de kilómetros de caminos perfectamente trazados.

Muchos nos preguntan por qué nuestras obras, copiadas descaradamente por otras civilizaciones, siguen aún en pie. Muy sencillo: por su utilidad, solidez y buen gusto.

▶ Entre los inventos de los ingenieros romanos destacan algunos como la groma, un aparato que permitía trazar líneas rectas y que era muy útil para medir los territorios y el trazado de la calzada y «encajar» con precisión milimétrica los bloques de las construcciones.

SOY MÉDICO

Aunque aún hay pacientes convencidos de que solo los dioses pueden curarles, la labor de los médicos como yo –me llamo Símmaco– es imprescindible para la salud de los romanos… y de la ciudad.

No fue fácil que en Roma se reconociera «oficialmente» esta profesión, pues la creencia tradicional era que la salud dependía directamente de los dioses (había rituales y divinidades para cada enfermedad). Pero las epidemias que asolaron la ciudad demostraron lo útil que es el *medicus* con sus conocimientos sobre anatomía, su experiencia en tratar dolencias y su gran poder de convicción para ganarse la confianza de los pacientes.

El ejército también tuvo que ver: para el emperador es prioritario que las tropas gocen de buena salud, y de ello es responsable el médico que las acompaña. Esta labor favoreció la creación de las Escuelas de Medicina y la aparición de los *valetudinarium* (hospitales), que es donde se cura a los soldados, y que están situados en las fronteras, para evitar el desplazamiento de los heridos.

En las ciudades funciona el Servicio Médico Público, del que formamos parte los *archiatras* (médicos generales), elegidos democráticamente a propuesta de nuestros pacientes (todo un honor). El Estado nos contrata y nos proporciona instrumental y un local para pasar consulta, aunque también hacemos visitas a domicilio acompañados de estudiantes de Medicina, para que se vayan entrenando.

Aunque pocos, también hay médicos especialistas: cirujanos, oculistas, odontólogos, comadronas (*obstetrices*)…

Utilizamos tratamientos muy variados: puré de nabos para los problemas de piel; mostaza para el dolor de

CIRUJANOS DE ALTO NIVEL

Los cirujanos manejaban una sorprendente variedad de instrumental: escalpelos, catéteres, tenacillas, cuchillas, agujas, extractores de flechas… Llama la atención que sin tener excesivos conocimientos quirúrgicos realizaran intervenciones tan complicadas como abrir cráneos o «implantar» miembros artificiales. Su «especialidad» eran las amputaciones (hacían muchas en el ejército) y los torniquetes (su experiencia en venas y arterias procedía de las curas que hacían a los gladiadores).

▶ Aunque durante un tiempo su labor no se diferenció de la de los *archiatras*, en Roma hubo cada vez más farmacéuticos (*pharmacopolas*), que elaboraban y vendían ungüentos e imprimían su nombre y el del remedio en un sello (un antecedente de la actual receta médica).

estómago; plantas, hierbas y otras sustancias naturales; enjuagues de sangre de tortuga para las caries o el aloe vera, que es bueno para todo.

También asesoramos al gobierno sobre las condiciones de higiene necesarias para evitar infecciones. De hecho, fue idea nuestra la construcción de la Cloaca Máxima que drena el río Tíber.

Los *archiatras* cobramos buenos sueldos; no pagamos impuestos y, al jubilarnos, recibimos tierras y una pensión. Eso sí: nunca alcanzaremos la popularidad de los médicos militares, que son considerados héroes.

▶ Los cirujanos conocían la importancia de la higiene, y por eso hervían el instrumental antes de usarlo. También administraban distintos analgésicos y anestésicos, que iban desde el vino para las operaciones sencillas al jugo de mandrágora para las más complicadas.

SOY ESCRIBA

En Roma no todo el mundo sabe leer y escribir, pero no hay problema, ya que para eso estamos los escribas (*scribae*), que redactamos textos de todo tipo por encargo. Soy Facundus y me dedico a ello.

Todo el mundo sabe que la escritura es una de las «armas poderosas» del Imperio. Por eso a los escribas se nos considera profesionales especializados y de prestigio.

Un ejemplo de la importancia que se da a escribir bien es lo «pesados» que se ponen los maestros con las copias, los dictados y la caligrafía. Yo era el mejor de mi clase y fui perfeccionándome después con cursos y talleres.

Además de hacer copias perfectas y tener una ortografía impecable, para que te contraten debes demostrar una excelente memoria y rapidez para reproducir lo que escuchas sobre la tabla de cera, el papiro o el pergamino.

Hay escribas especializados en copiar las obras literarias publicadas; otros editan documentos antes de que se publiquen, comprobando que estén OK y sin faltas de ortografía; y hay escribas-bibliotecarios, que copian y se encargan de la conservación de libros y documentos importantes.

Y luego están los escribas epigráficos y sus *tabulae* (textos sobre piedra), y los que hacen grafitis, que serían, digamos, otra categoría…

Yo pertenezco al grupo de los escribas-secretarios. Trabajo para un magistrado y me ocupo de ordenar las ideas (muchas) que se le ocurren a lo largo del día, redactando luego un documento «con sentido». También escribo al dictado los discursos que pronuncia y hago copias de todas las cartas que recibe.

Por mi tablilla pasan textos legales, registros comerciales, notas internas del gobierno y, mis preferidas, las obras superventas (soy muy fan de Virgilio). Gracias a ello tengo conocimientos sobre un amplio repertorio de temas (tenemos fama de ser muy cultos).

LOS GRAFITIS, UN INVENTO ROMANO

La versión popular de las *tabulae* y otras inscripciones en piedra mediante las que las autoridades transmitían informaciones relevantes a los ciudadanos, fueron los grafitis, escritos en latín popular y con los que los plebeyos protestaban, manifestaban sus amores y odios o alababan a su gladiador o político preferido. Tan solo en Pompeya se encontraron más de 10 000 grafitis y también carteles en los que se «maldecía» a aquellos que escribían en los muros de las casas.

Los romanos adoptaron el alfabeto latino, una variante del alfabeto etrusco, que a su vez derivaba del griego. También crearon un tipo de números («los romanos») que aún se siguen empleando.

Nuestro trabajo está regulado y los sueldos pautados, así que estamos blindados frente esos «listillos» que intentan alargar nuestra jornada con discursos interminables.

Se dice que tenemos mucho que ver en la expansión del latín y de la cultura por todo el Imperio, y que nuestra tarea de «copia y archivo» permitirá conocer de primera mano la historia de Roma. Si es así, misión cumplida.

El trabajo del escriba tenía un «precio base» según el número de líneas: para la corrección y edición de un escrito, la tarifa era 25 monedas por cada 100 líneas; y si se trataba de redactar textos o documentos públicos, se pagaban 10 monedas por cada 100 líneas.

SOY *CONDUCTOR*

Sé que muchos querrían ejercer mi oficio, y es normal porque, ¿hay algo mejor que ser el responsable de todo lo que ocurre en las termas, el sitio preferido de los romanos? Me llamo Publius y soy *conductor*.

Siendo *conductor* (director de una terma) es imposible aburrirse, pues es el único sitio al que pueden asistir todos los romanos sin distinción. A las termas se va a relajarse, curarse (las aguas tienen propiedades medicinales), hacer deporte, merendar, quedar con los amigos e incluso a hacer negocios.

En mi local hay áreas separadas para hombres y para mujeres, pero en la mayoría las mujeres van por la mañana y los hombres por la tarde, al salir del trabajo (es la hora más concurrida).

Se pueden hacer dos tipos de planes: el saludable y el de ocio. El primero comienza con un espectacular masaje seguido del «circuito de las aguas» en el que se pasa por piscinas a distinta temperatura: fría (*frigidarium*), templada (*tepidarium*) y caliente (*caldarium*). También se puede ir al *sudatorium* (sauna) y al gimnasio.

La oferta de ocio es muy variada: tomar algo en la taberna, pasear por los jardines, leer un rato en la biblioteca o asistir a los espectáculos que se celebran a diario (acróbatas, campeonatos de dados, recitales poéticos…).

Superviso el correcto funcionamiento de todos los servicios y gestiono el numerosísimo *staff*. Para ello, hago rondas varias veces al día, vigilando que tanto empleados como clientes guarden las

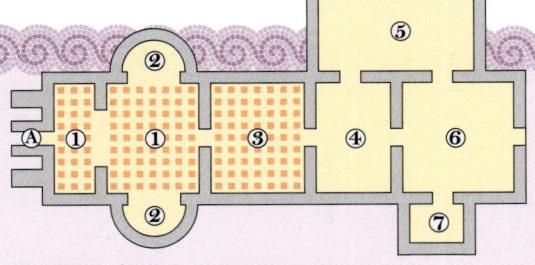

Esquema de unas termas romanas:

1. *Caldarium* (baño caliente)
2. *Solium* (asiento de piedra)
3. *Tepidarium* (baño templado)
4. *Frigidarium* (baño frío)
5. *Sudatorium* (sauna)
6. *Apodyterium* (vestuario)
7. Habitación
A. *Hypocaustum* (calefacción central)

UN *STAFF* MUY ESPECIALIZADO

La mayoría de los trabajadores de las termas eran esclavos especializados distintos oficios: servicio de masajes (el *unctor*) y depilación (el *alipilus*); vigilantes; controladores de la temperatura en las distintas salas; servicio de limpieza; animadores culturales; vendedores de comida y bebida; instructores en la *palestra* (gimnasio), y responsables del mantenimiento, como los que se encargaban de alimentar continuamente de leña el gran horno que calentaba todas las aguas y estancias.

formas y cumplan las normas. Y a menudo me pongo mi *subligaculum* (pantalón corto de tela que deben llevar todos los clientes) y me doy un chapuzón o me relajo en la sauna.

Es importante tener «talante *conductor*»: sociabilidad, don de gentes, ser buen observador (me encanta llamar a mis clientes por su nombre) y capacidad de reacción ante imprevistos. A veces tengo que sacar el genio, como cuando los aristócratas traen a sus esclavos para que los atiendan –a mi gente no le gusta ese intrusismo–, o si encuentro a alguno de los ladrones que de vez en cuando visitan los vestuarios. Pero para mí, este es el mejor trabajo del mundo entre otras cosas porque aquí se habla de todo lo que ocurre en la ciudad… y yo me entero el primero de los chismes y rumores.

▶ Antes o después de hacer el circuito de las aguas era habitual ir al gimnasio (*palestra*), donde se practicaban actividades como el boxeo, el lanzamiento de disco o el trigón, un juego de balón parecido al baloncesto actual.

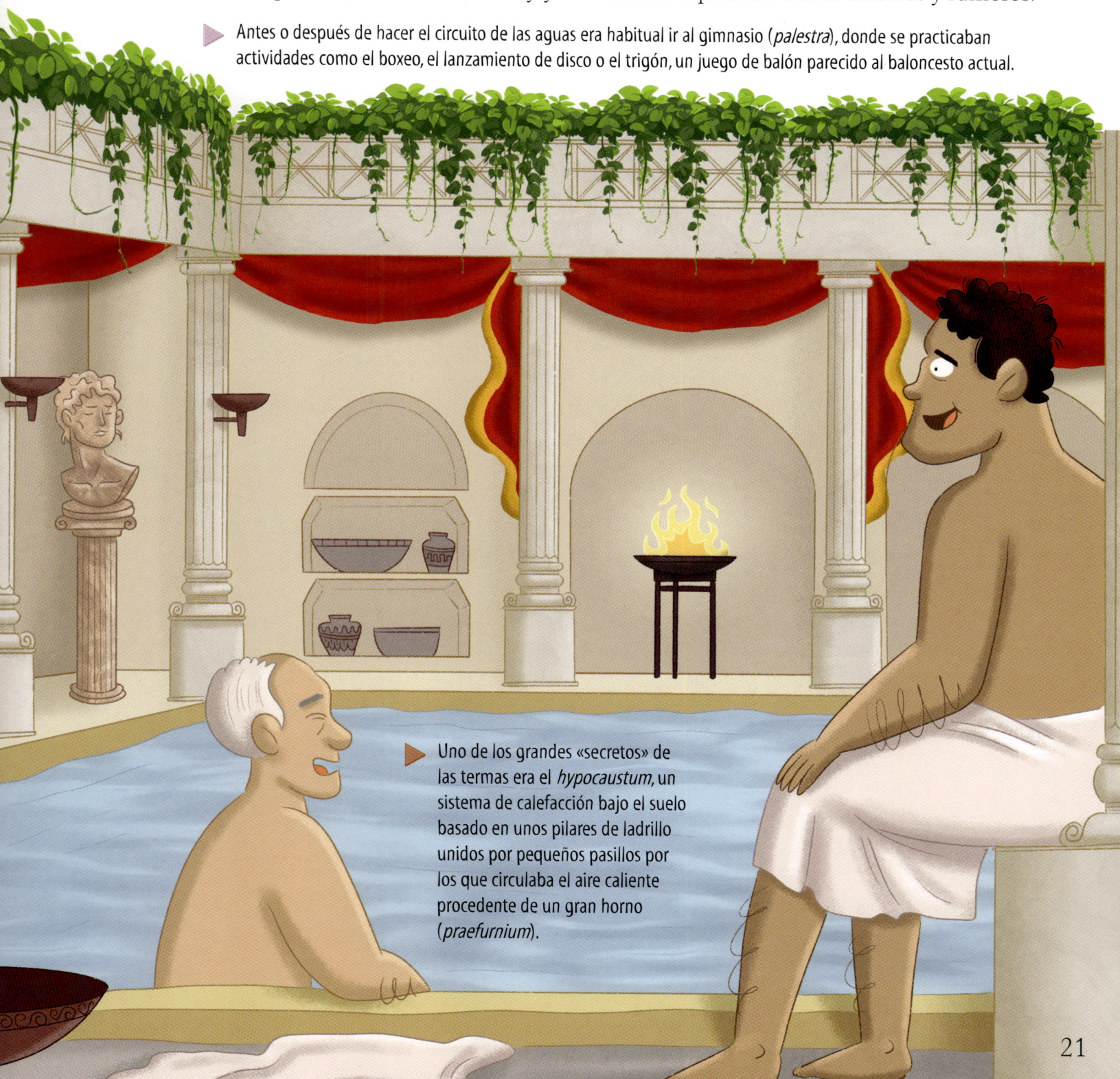

▶ Uno de los grandes «secretos» de las termas era el *hypocaustum*, un sistema de calefacción bajo el suelo basado en unos pilares de ladrillo unidos por pequeños pasillos por los que circulaba el aire caliente procedente de un gran horno (*praefurnium*).

21

SOY GLADIADOR

Si hablamos de popularidad, los gladiadores somos «las estrellas de rock» de la Antigua Roma por la admiración que generan en el público nuestro valor y el arte que derrochamos en la arena. Me llamo Tetraites y soy uno de ellos.

Los *munera gladiatoria* se anuncian en carteles repartidos por la ciudad. Son el espectáculo más popular y consiste en vernos luchar «cuerpo a cuerpo». Hay gladiadores «a la fuerza» –esclavos y prisioneros–, pero otros somos profesionales (*auctorati*) y, según las armas que usamos y el estilo de lucha, practicamos una «subespecialidad» de gladiador determinada.

Para darlo todo en la arena hay que entrenar sin descanso en los *ludi* (escuelas de gladiadores) dirigidos por los *lanistae*, que también organizan los combates.

Tenemos que seguir unas reglas (*leges gladiatoriae*) y unos rituales antes de cada «sesión», entre ellos una exquisita y abundantísima cena la víspera (está abierta al público y forma parte del espectáculo), al final de la cual firmamos nuestras últimas voluntades y nos despedimos de la familia, por si la cosa no termina bien.

El día D, como «estrellas» que somos, permanecemos en los «camerinos» subterráneos del circo o anfiteatro. Cuando nos llaman para desfilar, con gran solemnidad, salimos a la arena y recorremos todo el recinto, y al llegar frente al emperador, pronunciamos el célebre: «Ave, César, los que van a morir te saludan».

Y es que estamos obligados a luchar «hasta la muerte», al menos en teoría, ya que lo más habitual es que cuando uno de los dos contrincantes

MUCHOS TIPOS DE GLADIADORES

El tipo de armas y el vestuario definía a los distintos tipos de gladiadores: secutor (solo llevaba espada y escudo, por lo que se movía con gran rapidez); reciario (con red y tridente); tracio (puñal corto y escudo redondo); samnita (totalmente protegido con casco de plumas, escudo enorme y protector metálico en el brazo derecho); hoplómaco (casco, taparrabos y tiras de cuero en muñecas, rodillas y tobillos); y mirmilo (casco con símbolo de pez, escudo rectangular muy largo y espada larga y recta).

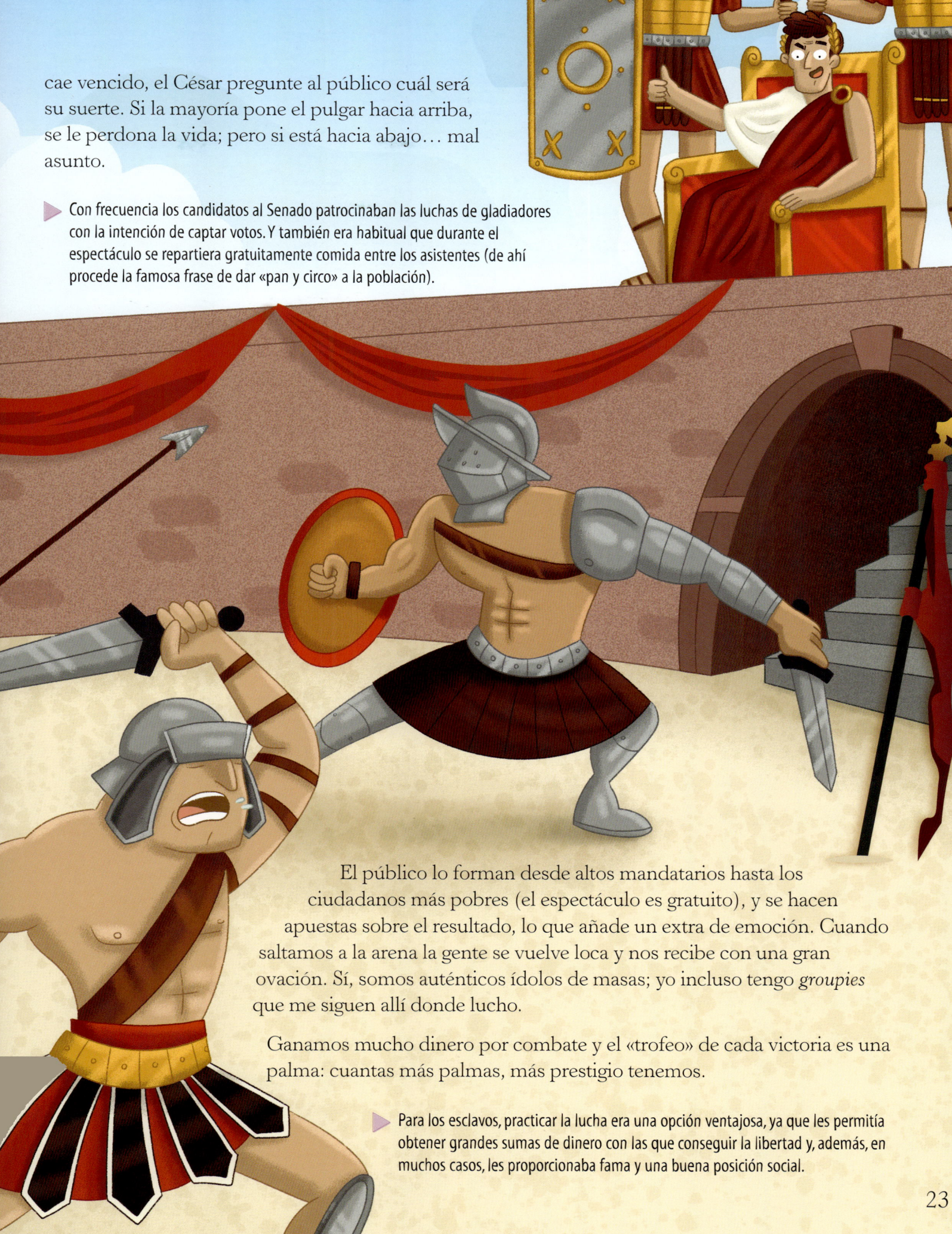

cae vencido, el César pregunte al público cuál será su suerte. Si la mayoría pone el pulgar hacia arriba, se le perdona la vida; pero si está hacia abajo… mal asunto.

▶ Con frecuencia los candidatos al Senado patrocinaban las luchas de gladiadores con la intención de captar votos. Y también era habitual que durante el espectáculo se repartiera gratuitamente comida entre los asistentes (de ahí procede la famosa frase de dar «pan y circo» a la población).

El público lo forman desde altos mandatarios hasta los ciudadanos más pobres (el espectáculo es gratuito), y se hacen apuestas sobre el resultado, lo que añade un extra de emoción. Cuando saltamos a la arena la gente se vuelve loca y nos recibe con una gran ovación. Sí, somos auténticos ídolos de masas; yo incluso tengo *groupies* que me siguen allí donde lucho.

Ganamos mucho dinero por combate y el «trofeo» de cada victoria es una palma: cuantas más palmas, más prestigio tenemos.

▶ Para los esclavos, practicar la lucha era una opción ventajosa, ya que les permitía obtener grandes sumas de dinero con las que conseguir la libertad y, además, en muchos casos, les proporcionaba fama y una buena posición social.

SOY AURIGA

Yo, Calimorfus, dedico mi vida a una profesión tan excitante como peligrosa: la de auriga. En cada carrera me juego la vida, pero no hay mayor gloria que defender los colores de mi equipo y recibir los vítores de más de 400 000 espectadores.

Los aurigas conducimos los carros de caballos en el espectáculo más popular de Roma: las carreras en el Circo Máximo, y somos los «profesionales del riesgo» que desatan más pasiones, por mucho que los gladiadores presuman de ello (somos divos enfrentados).

Al igual que otros, yo era esclavo y conseguí mi libertad gracias a la fortuna que amasé ganado carreras. Para ser auriga hay que estar en plena forma física y saber controlar varios caballos a la vez, según el tipo de carrera: dos (bigas), tres (trigas), cuatro (cuádrigas, las más habituales), y, en alguna ocasión, hasta 10.

Puedo llegar a correr hasta 24 carreras al día, y antes de cada una compruebo que mi «uniforme» esté a punto: llevo casco, un yelmo metálico sobre una túnica corta (la mía es azul), y una faja con correas que sujetan un puñal. El reglamento nos obliga a enrollarnos las riendas a la cintura, lo que supone un gran riesgo, ya que si el carro vuelca (algo bastante habitual), los aurigas caemos, siendo arrastrados o, peor aún, atropellados. El puñal es para cortar las riendas si eso ocurre, pero lo cierto es que casi nunca da tiempo a usarlo…

Cada carrera recorre siete circuitos alrededor de una pista elíptica a gran velocidad. Las curvas son peligrosísimas y lo normal es que haya *naufragia* (choques de carros). Aunque según las normas se puede cerrar el paso a los contrarios, en la práctica, y «extraoficialmente»,

todo vale con tal de llegar a la meta el primero.

Hay cuatro equipos de aurigas, cuyos seguidores también «participan» lanzando a los rivales trozos de plomo en los que escriben insultos y maldiciones. El público no abandona el hipódromo en todo el día, gritando y haciendo apuestas que mueven muchísimo dinero.

Ganar te proporciona una corona de laurel, un premio en metálico y mucha fama: ¡nos consideran héroes! Mi rostro, por ejemplo, figura en monedas y muchos objetos de *merchandising*. No siempre es fácil gestionar tanta popularidad, pero yo la disfruto mientras dure…

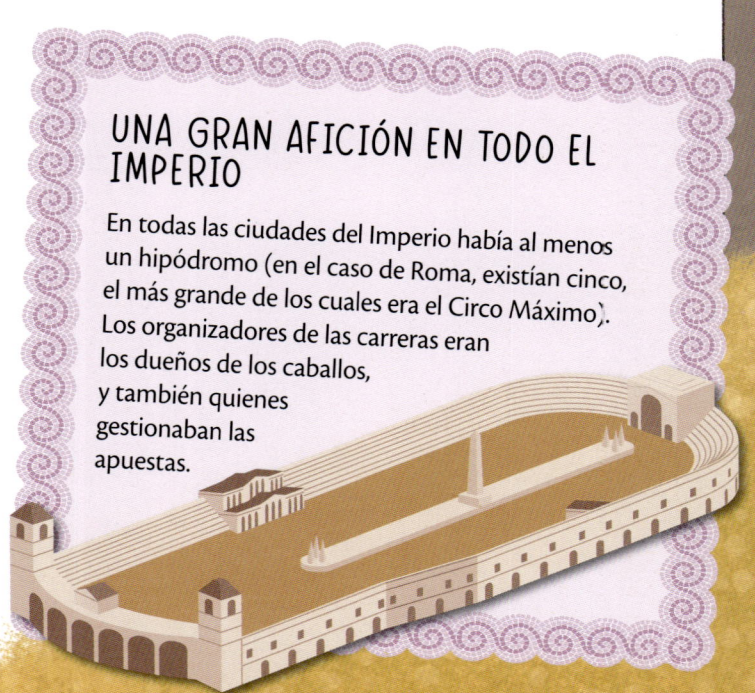

UNA GRAN AFICIÓN EN TODO EL IMPERIO

En todas las ciudades del Imperio había al menos un hipódromo (en el caso de Roma, existían cinco, el más grande de los cuales era el Circo Máximo). Los organizadores de las carreras eran los dueños de los caballos, y también quienes gestionaban las apuestas.

El más famoso de los aurigas fue Diocles: participó en una total de 4 257 carreras, consiguió 1 462 victorias y estuvo en activo 24 años.

Los aurigas pertenecían a cuatro equipos (similares a los actuales clubes de fútbol). Cada uno tenía un color: blancos, rojos, verdes y azules. La rivalidad entre los seguidores de estos equipos era tan extrema que no se limitaba al hipódromo, y con frecuencia protagonizaban altercados en las calles de la ciudad.

SOY CAMPESINO

Mi nombre, Fabius (que significa *el que cultiva habas*), me va como anillo al dedo, ya que soy campesino, un oficio al que se dedica la mayoría de los romanos y que permite alimentar a los 60 millones de habitantes del Imperio.

Casi todos los romanos vivimos en el campo cultivando pequeñas parcelas propias o, como es mi caso, trabajando las de grandes terratenientes. Mi familia y yo ocupamos una casa de labranza dentro de la enorme villa que hay en medio de la extensísima finca de mi jefe, a quien pago una pequeña renta.

La tarea principal es el cultivo de cereales, sobre todo trigo (¡el pan y las gachas no pueden faltar en la mesa!), hortalizas, legumbres, frutas, aceitunas... También atendemos el corral y cuidamos de los bueyes, los asnos y las cabras que proporcionan la leche. Almacenamos la cosecha en grandes vasijas y si hay excedentes, los vendemos en el mercado de la ciudad (la fruta y verdura fresca nos las quitan de las manos).

El trabajo es distinto según la época del año. Verano y otoño son temporada alta y es cuando hay que sembrar el trigo, hacer la matanza y preparar los embutidos (nuestra mortadela es insuperable), esquilar a las ovejas… En diciembre toca recoger las aceitunas, con las que obtenemos un riquísimo aceite.

Después viene un periodo más tranquilo y en él cuento con la ayuda de mi mujer, una experta curtidora de pieles que también nos hace unas cálidas túnicas de lana. Durante estos meses pongo a punto las instalaciones; preparo la tierra para la

siembra; elaboro el vino y el queso de leche de cabra y hago trabajos de alfarería, carpintería y forja. De hecho, la mayoría somos mitad agricultores y mitad artesanos.

▶ Cada ocho días, los campesinos detenían su actividad y descansaban o viajaban a la ciudad para hacer compras y gestiones. Y en enero, coincidiendo con la fiesta del campo (*Paganalia*), dejaban de trabajar durante todo el mes.

Entre otras cosas, somos los inventores del abono (¿cómo a nadie se le había ocurrido antes?) y del molino (de agua y de viento) para trabajar el grano.

Aunque me gustaría comprar mi propio terreno, aquí no me va mal: mi terrateniente apenas aparece por la finca ya que confía plenamente en mí… y no tanto en el capataz encargado de los esclavos que nos ayudan en temporada alta (me ha pedido que lo vigile de cerca, porque no es de fiar…).

LA ARISTOCRACIA AGRARIA

En medio del latifundio –territorio del terrateniente o «aristócrata agrario»– se construía un conjunto de edificios que formaban la villa. Incluía la casa del campesino responsable, barracones para los esclavos que ayudaban en las tareas y vivienda para el capataz que los vigilaba, además de graneros y establos. Estaba elegantemente decorada y tenía todas las comodidades. Una valla protectora la rodeaba evitando la entrada de animales salvajes… y la salida de esclavos «escapistas».

► El trabajo en el campo era duro y exigía fortaleza física y mental. Por eso, cuando estallaba alguna guerra, los responsables del ejército solían reclutar campesinos, ya que sabían que no iban a encontrar hombres en mejor forma física que ellos.

SOY COMERCIANTE

Hola, soy Aemilius y me dedico al comercio marítimo, una actividad imprescindible para atender las necesidades del más de un millón de habitantes que viven en Roma y que consumen todo tipo de bienes.

El comercio de alimentos, bienes, productos exóticos e incluso esclavos es muy intenso en Roma, y aquí vienen comerciantes de todo el mundo para la compra-venta de productos. Hay dos formas de comercio: la de los artesanos y minoristas, y la que hacemos los grandes comerciantes. Yo me dedico al comercio marítimo (soy *navicularius*).

Gestiono las toneladas de mercancía que a diario llegan a bordo de grandes barcos al cercano puerto de Ostia procedentes de todos lados, dentro y fuera del Imperio. Desde ahí se traslada en barcazas por el río Tiber hasta llegar a Roma, donde se guarda en grandes almacenes y se reparte después.

Soy propietario de uno de estos barcos y, además de organizar los viajes, actúo como intermediario entre el vendedor y el comprador. Para no viajar tanto, he delegado mi responsabilidad en mi esclavo de confianza, que me representa legalmente fuera de Roma.

▶ La *Lex Claudia* prohibía que los políticos fueran propietarios de barcos destinados al comercio marítimo o que intervinieran personalmente en actividades mercantiles para evitar que utilizaran el comercio para enriquecerse.

Un buen comerciante tiene que ser muy competitivo y estar siempre alerta, ya que conseguir el cliente (y las ganancias) depende de saber anticiparse a tus competidores (que son muchos). Para ello cuento con una red de colaboradores que me informan puntualmente de todo lo que ocurre en los «puntos de venta».

ARTESANOS Y MINORISTAS

La mayoría de los comerciantes se dedicaba al comercio dentro de la ciudad. Este consistía en la producción, venta e intercambio de bienes básicos (ropa, alimentos y materiales de construcción, principalmente) que ellos mismos elaboraban. Casi todos eran artesanos que vivían en el piso situado encima de su tienda-taller. Muchos de ellos también tenían puestos en el mercado al aire libre que se celebraba a diario en el Foro.

La verdad es que tenemos mala fama: dicen que somos turbios, poco fiables, codiciosos y tramposos, entre otros «piropos». Sí, a veces usamos «truquillos» como retener la mercancía en los almacenes para que aumente la demanda y poder subir el precio, pero de ahí a ser unos delincuentes…

También se dice que somos solitarios, poco solidarios y que solo pensamos en el negocio, y por eso no podemos ocupar cargos públicos debido a nuestra «falta de implicación con la ciudad».

Son unos envidiosos, y es normal, ya que si el negocio va bien, somos casi tan ricos como los patricios. Además, sin nuestro ingenio para regatear, tal vez los romanos no podrían degustar el exquisito vino griego o embriagarse con los perfumes de Siria…

▶ El comercio de aceite de oliva (que se usaba en alimentación, encender lámparas, como sustituto del jabón…) fue uno de los más prósperos y potenció a su vez otro tipo de actividades comerciales, como la alfarería, centrada en la producción de vasijas para guardarlo y transportarlo.

SOY ORFEBRE

Me llamo Fabricius y soy joyero, una profesión muy valorada –y necesaria– en Roma, pues los objetos que elaboramos no solo sirven de adorno, sino que también decoran los hogares, son signo de poder y tienen un toque mágico.

En Roma la joyería es un oficio muy cotizado por la unión de la creatividad de los orfebres-joyeros; el gusto de los romanos por el lujo, y el fácil acceso a materiales como el oro y las piedras preciosas, procedentes de todo el Imperio.

No solo hacemos joyas, sino que los *pater familias* nos encargan todo tipo de objetos para decorar y utilizar en su hogar (bandejas, espejos, cucharillas…).

Somos expertos en fundir metales y darles forma con moldes y martillos. Así creamos una gran variedad de piezas. Entre las más populares están los brazaletes (es raro ver a una romana sin lucir uno), especialmente los que tienen forma de serpiente.

También producimos monedas; abalorios para el pelo (todo un reto, ya que cuanto más recargado es el diseño, más nivel social tiene quien lo lleva), broches y fíbulas (para ajustar las túnicas y otras prendas); camafeos (minirretratos hechos con piedras semipreciosas) y, por supuesto, las *bullae* (tenemos para todos los gustos y bolsillos).

Pero, sin duda, nuestro producto estrella es el anillo de sello, la única joya que lucen los hombres. Está adornado con retratos o monedas y además de ser un símbolo de distinción, se emplea para firmar documentos importantes (apretándolo sobre cera o arcilla blanda, deja una huella imposible

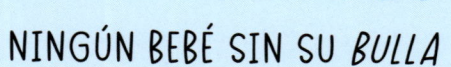

NINGÚN BEBÉ SIN SU *BULLA*

A los ocho días de nacer a los bebés se les ponía al cuello una *bulla*, una pequeña cápsula en forma de círculo, corazón o luna creciente de oro, bronce o marfil que contenía una mezcla de hierbas con virtudes mágicas. Era un amuleto para ahuyentar el mal de ojo y evitar la envidia, y se llevaba puesto hasta cumplir 17 años. Solo se volvía a lucir en determinadas situaciones en las que era importante «reforzar» la protección antienvidias (un éxito político o triunfo militar, por ejemplo).

▶ Los joyeros romanos fueron los creadores de los anillos o alianzas de boda que todavía se usan en la actualidad y que simbolizan un compromiso duradero. Al principio eran de hierro, pero pronto se empezaron a fabricar de materiales «que brillaban» como el oro.

de falsificar), aunque también puede tener otros usos (receptáculo de venenos, por ejemplo…).

Las joyas se lucen de forma distinta según la clase social: los aristócratas adoran llevar diseños en oro muy estrafalarios (por no decir ordinarios), y las mujeres tienen *ornatrices*, sirvientas ocupadas exclusivamente de «enjoyarlas» a diario. Los plebeyos usan modelos más modestos, de bronce o cristal. Pero para todos, estas piezas, además de adornar o transmitir estatus social, suponen un potente amuleto contra las fuerzas malignas.

Y gracias a esta *joyamanía*, los joyeros hemos dejado de ser anónimos y algunos hemos llegado a tener tanta fama que hay larguísimas listas de espera para encargar nuestros diseños.

▶ Durante la II Guerra Púnica la *Ley Oppia* prohibió la ostentación de riqueza en público para no ofender a las clases más pobres. Una vez terminó el conflicto, las mujeres se rebelaron y no pararon hasta eliminarla.

SOY MOSAÍSTA

En Roma, un mosaico es mucho más que un simple elemento decorativo. Por eso a los mosaístas nunca nos falta trabajo. Me llamo Fabricius y soy uno de los muchos artesanos que llenan los suelos de la ciudad de color y creatividad.

Los mosaicos son imágenes hechas de pequeñas piezas de piedra o cerámica (teselas) que decoran los suelos de las casas romanas y, además, se consideran un símbolo de poderío social y económico: cuanto más decorada –y con más brillo– esté una *domus*, más influencia tienen sus habitantes.

Además, los mosaicos dan muchas «pistas» sobre la personalidad, los gustos, las ideas e incluso los secretos ocultos de las familias que nos los encargan.

Solo artistas creativos como nosotros pueden realizar una labor tan minuciosa y dedicarle tanto tiempo. El secreto está en un perfecto trabajo en equipo, en el que cada mosaísta está especializado en una parte del proceso.

Yo soy el *pictor imaginarius* (es decir, el jefe) y me encargo del diseño. El *lapidarius* es el «técnico»: talla las teselas, prepara las capas de cemento húmedo y hace el montaje final, que remata el *tessellarius* o «colocador» de teselas. Firmamos las obras en conjunto, con el nombre del taller.

Nuestro dominio de la técnica nos permite representar todo tipo de imágenes y composiciones, incluso las más difíciles como relieves, claroscuros o retratos tan realistas que parecen fotos.

Los temas van por modas, pero lo que más nos piden son escenas mitológicas, de caza o pesca, bodegones… Cuando el cliente explica lo que quiere, la mayoría de los mosaístas trabajan en «modo plantilla», siguiendo modelos fijos, pero yo le doy a mi equipo total libertad para que dejen volar su imaginación. Por eso mi taller es famoso por sus originales composiciones con teselas de vidrio o ladrillo roto.

Somos los inventores del «hazlo tú mismo»: fabricamos mosaicos pequeños en serie «listos para colocar» que los romanos (a los que les encanta llevarse el arte a casa) transportan hasta la *domus* sobre una lona.

► La fama de los mosaístas se extendió por todo el Imperio, y, de hecho, en barcos naufragados de la época se encontraron embalajes de madera que contenían suelos de mosaico. Curiosamente, los que se han conservado –muchos– se exhiben en los museos verticalmente, como si fueran cuadros.

PINTORES Y ESCULTORES: LOS OTROS ARTISTAS

La escultura era el «arte» más popular en Roma, aunque realmente muchas de las estatuas de dioses, emperadores o políticos que abarrotaban la ciudad eran reproducciones de obras griegas. En cuanto a la pintura al fresco, al igual que los mosaicos, se empleó para decorar las casas y también representaba escenas de la vida cotidiana. A pesar de que se hacían sobre paredes de yeso, se han conservado muchas en buenas condiciones ya que, una vez acabadas, las remataban con una capa de cera.

Para cubrir un suelo de unos 15 m² se necesitaban unos ¡15 millones de teselas! No había dos mosaicos iguales y el precio de cada uno se calculaba teniendo en cuenta las horas de trabajo, el número de artesanos necesario, los materiales y la dificultad del diseño.

SOY *PATER FAMILIAS*

En Roma, los progenitores, además de padres y maridos, somos *pater familias*, es decir, los jefes de la casa, con una autoridad que todos deben acatar y que va más allá de las paredes de la *domus*. Yo, Lépido, soy uno de ellos.

La familia romana, además de ser la institución más importante y célula de la sociedad, significa mucho más que una familia al uso y se parece a un «miniestado» en el que, por encima de los afectos y el cariño, cada uno tiene un papel asignado.

Y el más importante es el del *pater familias*, que es el que yo «represento». Esto es así porque la ley romana nos concede a los padres la autoridad completa sobre todos los miembros de la familia –patria potestad–, algo que todos aceptan y nadie discute.

El título de *pater* recae en el varón de más edad (no importa que sea soltero o casado) y es vitalicio. Mi principal misión es dirigir y liderar a todos los que forman parte de la familia, que no solo incluye a los vínculos de sangre sino también a todas las personas que dependen de mí, como los esclavos y clientes. Mi familia tiene ¡más de cien miembros!

Soy su responsable legal y tengo la obligación de alimentarlos, asegurar su bienestar y mantenerlos unidos. También me encargo de los asuntos comerciales, los represento en eventos sociales y ante las instituciones políticas y, en caso de guerra, debo luchar para defenderlos.

IUS VITAE ET NECIS

El «derecho de vida y muerte» que la ley otorgaba a los padres sobre los hijos les permitía tomar todo tipo de decisiones sobre ellos. Por ejemplo, en caso de que se portaran mal o cometieran algún delito, estaban autorizados a abandonarlos e incluso venderlos como esclavos, para reparar el daño ocasionado. También podían pactar sus matrimonios (sin consultarlo con ellos y sin su consentimiento) y, en casos extremos, autorizar su muerte.

Solo yo puedo tener propiedades (incluida la dote de mi esposa) y administrarlas, gestiono los bienes familiares y reparto entre mis hijos el *peliculum* (una paga para sus gastos)… siempre y cuando se porten bien, ya que uno de los derechos del *pater familias* es el *ius vitae et necis*… y ellos lo saben. También ejerzo de sacerdote, oficiando el culto privado que los romanos celebramos en nuestras casas en honor a los *lares* (dioses protectores del hogar). Y de vez en cuando me toca hacer de juez, mediando en los conflictos familiares. ¡Es duro ser *pater familias*!

▶ Cada recién nacido debía ser «aceptado» oficialmente por el *pater familias*, mediante una ceremonia en la que el bebé se colocaba a sus pies: si el *pater* lo cogía en brazos, significaba que lo aceptaba. En cambio, si le daba la espalda, el niño era dado en adopción.

▶ Uno de los deberes del *pater familias* era dar continuidad al apellido familiar. Cuando esto no era posible porque no tenía hijos, adoptaba un niño, generalmente un sobrino. La adopción era, de hecho, una práctica muy habitual en Roma.

SOY *MATER FAMILIAS*

Mi nombre es Livia y soy una de las muchas *mater familias* de Roma. Oficialmente solo me encargo del hogar, pero podéis preguntar a mis hijos y a mi marido el importante papel que desempeño «en la sombra».

Sí, mi marido (el *pater familias*) es quien toma todas las decisiones en esta *domus*, pero yo soy la que ejerzo la «autoridad moral».

Como el resto de las romanas, me casé muy joven y tengo muchos hijos. Excepto muy pocas mujeres profesionales (a las que admiro), las demás nos dedicamos a las tareas domésticas, ya que no se nos permite participar en la vida pública y no tenemos –ni de lejos– los mismos derechos que los hombres.

Mis «dominios» son la casa donde vivimos habitualmente y la villa en la que veraneamos. Además de cuidar a los niños, organizo el trabajo de los esclavos, planifico los menús, confecciono la ropa para todos…

Todos los días, antes de ponerme en marcha, quemo incienso en el altar casero y pido protección para la familia. Lo que más me gusta es cultivar el huerto del peristilo (patio de atrás) y recolectar el laurel con el que luego doy mi toque personal a las comidas de los festivos (las salsas son mi especialidad).

Por la tarde, dedico un buen rato a la lectura. Soy de las pocas que he tenido la suerte de seguir estudiando cuando cumplí los 12 años (música, literatura, matemáticas) y me encantan los autores griegos. Y quiero que mis hijas hagan lo mismo, aunque, claro, también les estoy enseñando a hilar, tejer, cocinar…

Aunque salgo poco de casa, siempre voy impecable. Me encanta la moda (tengo un fondo de armario lleno de preciosas túnicas y estolas) y varias veces a la semana viene la *ornatrix* (peinadora) y me hace unos recogidos elegantísimos. Cuando hago vida social –ceremonias religiosas y algún espectáculo o banquete en los que acompaño a mi marido– me pongo todas mis joyas (¡cómo me gustan mis brazaletes de oro!).

MUJERES INFLUYENTES

Algunas féminas, como las de la familia Julio Claudia, intervenían en cuestiones políticas, culturales e incluso religiosas. Aunque eran muy criticadas, las mujeres romanas tenían muy en cuenta su opinión. Otras ayudaban a sus maridos en sus negocios, mientras que algunas dirigían sus propias tiendas. Hubo romanas que ejercieron oficios (farmacéuticas, ceramistas, costureras), mientras que otras (panaderas y lavanderas, principalmente) dirigían el negocio familiar que recibían por herencia.

▶ En Roma había algunas mujeres ricas, propietarias de tierras, que administraban ellas mismas su patrimonio. Sin embargo, no estaban bien vistas, tal y como reflejan crónicas de la época, que las definían a todas como «muy mandonas» o «con mal carácter».

De vez en cuando me escapo y doy un paseo «de incógnito» a bordo de una litera con cortinas y transportada por mis esclavos.

Soy muy buena *domina* de casa, pero nadie me gana como consejera de mis hijos y también de mi marido, quien (aunque él no lo reconozca) nunca toma una decisión sin contar con mi opinión.

▶ La «seña de identidad» de la *mater familias* era la *stola*, un vestido que le llegaba a los tobillos y que indicada que era una mujer casada. Bajo esta prenda solía llevar una túnica larga que, en el caso de las más adineradas, estaban teñidas con colores brillantes.

SOY MAESTRO

Mi nombre es Cato y ejerzo de *ludimagister*, lo que significa que me encargo de enseñar, entre otras cosas, a leer, escribir y sumar a los niños romanos. Soy, por tanto, el primer maestro que tienen en su vida.

En Roma nos tomamos la educación muy en serio, ya que además de enseñar asignaturas, se trata de formar ciudadanos responsables y futuros líderes. Por eso en los *ludi* (colegios) también se aprenden habilidades como el trabajo en equipo.

Hay tres etapas educativas, y yo trabajo en la primera (*schola*), con niños y niñas de entre 7 y 12 años. En mis clases aprenden a leer y escribir en perfecto latín y a hacer cálculos matemáticos. Utilizan tablillas enceradas (que se borran) en las que escriben con un punzón (*stylus*). Las clases empiezan muy temprano, terminan al mediodía y les mando deberes que hacen en casa con la ayuda de su *paedagogus*.

A los 12 años –con mucha pena– les digo adiós, pues me releva el *grammaticus*. Él tiene menos alumnos pues, lamentablemente, las niñas no se escolarizan en esta etapa (aunque muchas siguen recibiendo clases a domicilio). El temario incluye geografía, filosofía, retórica y, sobre todo, literatura griega y latina (hay una asignatura que es «Homero»). Cuando los chicos cumplen 16 años inician los estudios superiores (leyes o política), pero lo hacen individualmente con tutores especiales.

Los maestros debemos reunir unas cualidades: no tener vicios; ser serios, pero no tristes; hablar mucho de lo bueno y lo honesto; corregir con cordialidad; enseñar de forma sencilla; y no enfadarnos con facilidad.

Tenemos fama de ser muy estrictos y nos está permitido recurrir a castigos severos con los alumnos «malotes», pero yo pienso que es mucho mejor motivarlos e intentar que les guste aprender (aunque alguno pida a gritos un pequeño castigo).

Pese a nuestra dedicación, no podemos vivir de nuestro oficio, pues nuestros sueldos son muy bajos, y tenemos otros empleos, la mayoría como redactores de cartas y documentos. Pero yo no cambiaría mi profesión por nada: no hay mayor satisfacción que ver lo lejos que han llegado muchos de mis «pupilos».

Según las crónicas de la época, un *ludimagister* cobraba al mes lo mismo que un pintor o un carpintero ganaba en un día. Además, muchos eran extranjeros y de origen humilde, lo que hacía aún más difícil que recibieran reconocimiento social por su labor.

EL PEDAGOGO

El *paedagogus* completaba la labor del maestro. Generalmente se trataba de un esclavo de la *domus* al que se encomendaba la educación privada de los niños a partir de los 7 años. Además de acompañarlos al *ludus*, les ayudaba a hacer las tareas, vigilaba sus juegos, les enseñaba urbanidad y les entrenaba en los valores y conducta necesarios para ser hombres de provecho. Las familias menos pudientes recurrían a *paedagogi* que daban clases a domicilio, y que normalmente eran hombres libres.

Al contrario de lo que ocurría en Grecia, ni el deporte ni la música eran asignaturas prioritarias en la enseñanza romana. Sí lo era en cambio la retórica, fundamental para la vida pública. De hecho, una de las materias «optativas» consistía en asistir a las sesiones del Senado.

SOY ESCLAVO

Mi nombre es Nicias y soy uno de los muchos esclavos que en Roma desempeñan todo tipo de trabajos. Aunque apenas tenemos derechos y no siempre nos tratan bien, la realidad es que, sin nosotros, nada funcionaría en el Imperio.

Somos el grupo más numeroso (crece continuamente por la incorporación al «gremio» de los prisioneros de guerra) y el estrato social más bajo. Carecemos de derechos, dependemos totalmente de nuestros dueños y no podemos tener propiedades ni patrimonio. Para diferenciarnos del resto, estamos obligados a ir vestidos con una túnica corta, oscura y de tela gruesa.

El tipo de trabajo y calidad de vida de cada esclavo depende de su preparación, habilidades… y de su suerte. En la ciudad trabajan los más cualificados, expertos en alguna materia o disciplina, que ejercen como pedagogos, secretarios o administradores, y los que tienen un oficio, que son una mano de obra muy valorada en talleres, fábricas y bancos. También hay panaderos y cocineros (alguno incluso es *chef*).

Los que no tienen estudios (la mayoría) son contratados en cuadrillas para trabajar en el campo bajo la estrecha vigilancia de un jefe que no suele ser muy amable… Peor suerte corren los que acaban en las minas o como remeros de las galeras.

Los más valorados –y los que mejor vivimos– somos los esclavos domésticos. Yo sirvo a una familia en la que hay tan «buen rollo» que casi me siento un pariente más (pobre, eso sí). Recuerdo el día que me compró mi dueño: me recibieron con una preciosa ceremonia delante del altar familiar. Trabajo de sol a sol y aunque a veces al *pater familias* se enoja, nos tratan muy bien a mí y a familia (estoy unido en *contubernium* con otra esclava). Tenemos dos hijos que disfrutarán de una posición privilegiada dentro de la servidumbre pues por nacer en la *domus* están recibiendo una buena educación.

Soy de los pocos que pueden disponer de un poco

LOS LIBERTOS

Además de la voluntad del dueño, la otra forma de adquirir la libertad era comprándola, y fue así como algunos esclavos se convirtieron en libertos que se dedicaron al comercio o tenían negocios a su cargo. Muchos de ellos amasaron importantes fortunas y disfrutaron de un alto nivel de vida, pero nunca lograron tener la misma consideración que los libres «de toda la vida». No fue hasta el siglo VI d.C., con Justiniano, cuando se les declaró ciudadanos de pleno derecho.

de dinero (*peculium*), pero a diferencia de la mayoría, no lo voy a usar para comprar mi libertad: la *mater familias* me ha dicho que mi dueño ha escrito en su testamento que, cuando él muera, automáticamente seré un liberto, en agradecimiento a mis servicios. No penséis mal: a diario pido a los lares que le den mucha salud…

Los esclavos se «adquirían» en subastas organizadas por los traficantes. Los más educados y capacitados tenían el precio más alto. Las subastas se realizaban en mercados. El más famoso estaba en el islote de Delos, y se cuenta que en él se vendían hasta 10 000 esclavos al día.

Hubo varias rebeliones de esclavos organizadas por los antiguos soldados capturados como prisioneros de guerra. Una de las más famosas fue la liderada por un gladiador llamado Espartaco, que se convirtió en un personaje muy popular cuya fama ha llegado hasta nuestros días.

Aquí empezó todo...

Retia

Narbonense

SPQR

Dalmacia

MAR ADRIÁTICO

ROMA

● ● ● Ostia

ITALIA

Macedon

MAR MEDITERRÁNEO

CÓRCEGA

CERDEÑA

MAR TIRRENO

N
W E
S

SICILIA

MAR JÓNICO

EL IMPERIO ROMANO

Los siglos durante los que estuvo bajo el gobierno de los emperadores se consideran la «edad de oro» de la Historia de Roma. En este periodo, la civilización romana se extendió por gran parte de Europa, el norte de África y parte de Asia. De hecho, durante mucho tiempo esta etapa se consideró como «el Imperio con más éxito que ha existido nunca».

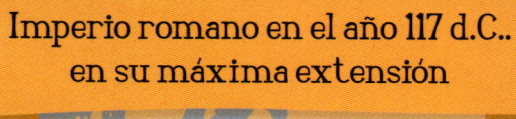
Imperio romano en el año 117 d.C., en su máxima extensión

Roma

LOS ORÍGENES Y LA REPÚBLICA

El origen de la ciudad de Roma se sitúa en torno al año 1000 a.C. Según la mitología, los fundadores de la ciudad fueron Rómulo y Remo, unos gemelos que habían sido criados por una loba. El primer gran período histórico de la antigua Roma fue la República (que duró desde el 509 a.C. hasta el 27 a.C.); durante ese tiempo no hubo líderes y el gobierno estuvo dirigido por funcionarios electos.

COLISEO

GLADIADOR

ACUEDUCTO

CUÁDRIGA

LOBA CAPITOLINA

GLADIUS (ESPADA)

CERÁMICA (TERRA SIGILLATA)

La caída del Imperio Romano

En el año 286 d.C. el emperador Diocleciano decidió dividirlo en dos partes: Imperio romano de Oriente (con capital en Constantinopla) e Imperio romano de Occidente (con capital en Roma), cada uno de ellos gobernado por un emperador.

Las crisis económicas y políticas y la creciente amenaza de los pueblos invasores en el exterior fueron debilitando poco a poco al Imperio de Occidente hasta llevarlo a su fin en septiembre del 476 d.C. El de Oriente (también llamado Imperio bizantino) aguantó más tiempo ya que estaba bien protegido y tenía un ejército potente, pero finalmente, casi mil años después, sucumbió bajo el poder de los turcos otomanos.

LÍNEA DEL TIEMPO

Ave, César

Al final de la República, Octavio se hizo coronar emperador, dando así paso a una nueva forma de gobierno, el Imperio, y adoptando como segundo nombre Augusto, una denominación que a partir de entonces acompañó a los nombres de todos sus sucesores y que hacía alusión a la naturaleza divina del emperador.

Los emperadores eran los jefes máximos del ejército, la religión y los órganos de gobierno. El cargo era vitalicio y eran los propios emperadores los que designaban a su sucesor.

La expansión: el *Mare Nostrum* y más allá

La extensión del Imperio Romano fue aumentando a medida que se fueron conquistando e incorporando nuevos territorios, llegando a abarcar más de 7 millones de km². La civilización romana y su expansión tuvieron como eje central el *Mare Nostrum* («nuestro mar», que era como llamaban al mar Mediterráneo), y durante el Imperio llegaron a dominar los tres continentes bañados por este mar.

Los romanos lograron la conquista de tantos territorios gracias a su potente ejército y a la excepcional red de vías de comunicación (las «calzadas romanas») de la que disponían y que se extendía desde la Península Ibérica hasta el Golfo Pérsico.

En total había cerca de 400 vías que conectaban Roma con los lugares más recónditos del Imperio. Esta red de comunicación fue fundamental para expandir a todos los territorios que formaban parte del Imperio la cultura y el estilo de vida de Roma en general y, en particular, su lengua, el latín, que se llegó a utilizar en todas las provincias, manteniéndose en gran parte de Europa hasta la Edad Media.

Llegó un momento en que el Imperio era tan grande que hubo que dividirlo en provincias para facilitar su gobierno y el control de su economía. Cada provincia tenía un gobernador que se encargaba, entre otras cosas, de recaudar el impuesto que cada territorio debía pagar al emperador, defender las fronteras y mantener el orden.

DIOSES Y DIOSAS

La religión romana era una mezcla de otros cultos (sobre todo griegos), supersticiones y rituales. Además, a medida que se fue expandiendo el Imperio, se fueron incorporando las creencias y tradiciones de los pueblos conquistados. A diferencia de Grecia, donde los dioses vivían todos juntos en el Olimpo, los dioses romanos tenían cada uno su templo, su tipo de culto y sus propios sacerdotes. Había doce dioses y diosas principales o tradicionales, y todos estaban emparentados con Júpiter.

JÚPITER

Líder de todos los demás y dios principal. Era el responsable de la justicia y el señor de los cielos y los fenómenos meteorológicos. Los romanos se referían a él como el *Optimus Maximus* («el mayor y el mejor»).

Cómo se identificaba: como un hombre fuerte y barbudo, que llevaba en una mano un rayo y en la otra un cetro. Solía acompañarle un águila.

MINERVA

Hija de Júpiter, era una diosa muy ocupada, ya que era la responsable de la sabiduría y de la guerra y protectora de las artes y oficios (pintores, escultores, actores), de la industria y, también, de la ciudad de Roma.

Cómo se identificaba: siempre se la representaba sujetando una lanza y un escudo, y podía aparecer también al lado de un mochuelo (búho pequeño) y un olivo.

NEPTUNO

Dios y señor de los mares y de las aguas. También se ponían bajo su protección los caballos. Con fama de «mal carácter», se decía que podía causar terribles maremotos y terremotos cuando se enfadaba.

Cómo se identificaba: era muy fácil identificarlo con su característico tridente y también porque podía ir subido sobre uno o varios hipocampos (caballos de mar).

MERCURIO

Era la divinidad mensajera y dios del comercio. Se encargaba de cuidar los caminos y guiar a los viajeros. También se ponían bajo su protección los mercaderes, los oradores y los ladrones (a los que en algunos casos se consideraban ciudadanos «con debilidades»).

Cómo se identificaba: con dos pequeñas alas en la cabeza (a ambos lados del casco que llevaba) y en los pies (en el talón de sus sandalias) y, en la mano, una vara (el caduceo) con dos alas en el extremo y dos culebras entrelazadas alrededor.

VENUS

Diosa del amor, de la belleza y de los viajes marítimos. Era considerada la «madre de Roma», y los romanos la invocaban para todo lo que tenía que ver con los asuntos amorosos y con la belleza (tanto interior como exterior).

Cómo se identificaba: como una chica joven y muy hermosa que portaba elementos procedentes de la Naturaleza: una rosa, una concha o una manzana.

APOLO

Hijo de Júpiter, era el dios de la belleza, del sol, de la luz, de la salud, de la música y de la poesía. Tenía la facultad de profetizar el futuro en el oráculo que había en el templo construido en su honor en la ciudad de Delfos.

Cómo se identificaba: su imagen era la de un hermoso joven con una corona de laurel en la cabeza y llevando en las manos una lira o un arco y una flecha.

MARTE

Dios de la guerra y del valor, era por ello el protector del ejército. También protegía al ganado. Daba nombre a un mes del año (marzo). Se decía que el padre natural de Rómulo y Remo (los gemelos fundadores de Roma) le pidió que los protegiera, y que fue Marte quien los puso al cuidado de la loba.

Cómo se identificaba: por su armadura y su característico yelmo en forma de cresta. También llevaba espada y escudo.

DIANA

Divinidad protectora de la caza y diosa de la Naturaleza, de la luna y de los animales salvajes. Por su habilidad para estar siempre al acecho, su agilidad y su vitalidad, también era la diosa de la actividad física y la práctica de ejercicio.

Cómo se identificaba: se identificaba con una mujer joven con el cabello largo, vestida con una túnica corta y un arco en la mano, acompañada siempre de una cierva.

PLUTÓN

Dios del inframundo y señor de los muertos. Su nombre infundía mucho temor entre los romanos ya que se le consideraba la divinidad más cruel.

Cómo se identificaba: se le representaba con una corona de ébano en la cabeza y una vara con la que guiaba las almas a los infiernos.

JUNO

Diosa de la fertilidad, tanto en la Naturaleza como de los hombres, por eso también era la divinidad del matrimonio y de la maternidad. Daba nombre al mes de junio, considerado el más adecuado para la celebración de las bodas.

Cómo se identificaba: mujer llevando un cetro y una corona dorada.

SATURNO

Dios de la siembra y de la agricultura y símbolo del tiempo. Se pensaba que había sido un rey prehistórico que se había transformado en divinidad.

Cómo se identificaba:
se asociaba a la imagen de un anciano que llevaba en una mano una hoz en representación del «tiempo que lo destruye todo» y en la otra un reloj de arena.

VULCANO

Dios del fuego, de las fraguas y de la metalurgia, era el patrón de todos los trabajos en los que se utilizaba un horno (panaderos, herreros, cocineros). Según la leyenda, su aspecto desagradable y su cojera hicieron que su madre, la diosa Juno, lo arrojara al mar.

Cómo se identificaba:
como un hombre con brazos robustos y piernas delgadas y torcidas (aludiendo a su cojera), llevando en la mano unas tenazas.

CALLES EN CUADRÍCULA

Cada ciudad del Imperio romano se diseñaba y calculaba al milímetro antes de ser construida, planificando sus dimensiones en función del número de personas que la iban a habitar. La mayoría de ellas se articulaban a partir de dos calles principales: el *decumanus*, que se extendía de este a oeste, y el *cardo*, con dirección norte-sur. En el punto de unión entre ambas se situaba el Foro.

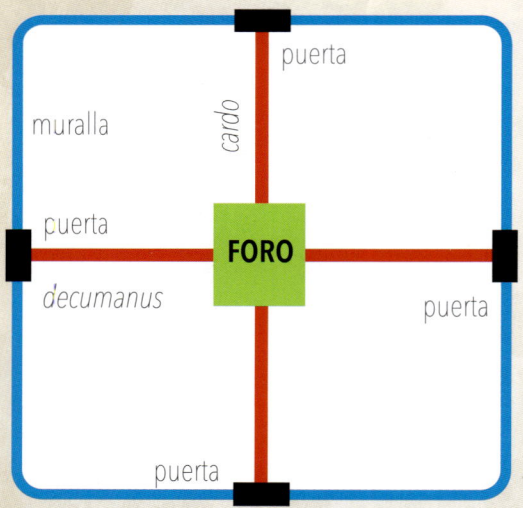

Esquema básico de construcción de una ciudad romana.

El resto de las calles partían –formando una cuadrícula– desde el foro y llegaban hasta las murallas que rodeaban, delimitaban y defendían a la ciudad (sus puertas estaban custodiadas por soldados) y algunas se extendían más allá.

Las calles tenían un pavimento empedrado, con aceras (más altas que la calzada) y desagües. Estaban pensadas por y para los peatones y el tráfico de carretas (los vehículos que conducían los romanos) estaba prohibido durante el día. Por eso el reparto de mercancías a las tiendas, por ejemplo, se hacía siempre por la noche o a primera hora de la mañana.

Además de las calles, en la planificación de las urbes romanas se tenía en cuenta la ubicación de los principales edificios y estructuras, tanto religiosas, económicas y administrativas (templos, curia, bibliotecas…) como las relacionadas con la higiene, un aspecto muy importante para la sociedad romana: baños, termas y letrinas.

LA VIDA EN EL FORO

Las ciudades del Imperio fueron perfectamente diseñadas para acoger y cubrir las necesidades de sus habitantes. Y en todas ellas, el lugar más importante (y concurrido) era el Foro, principal centro comercial y social y «corazón» de la vida romana.

A los romanos les encantaba pasar buena parte de su vida pública al aire libre, y el Foro era el lugar idóneo para hacerlo. Se consideraba el centro civil, religioso, jurídico y mercantil de la ciudad. Tenía forma rectangular y estaba delimitado por pórticos con columnas. En él se situaban los edificios más relevantes, como la Curia (edificio del Senado), la Basílica (donde se celebraban los juicios), los arcos conmemorativos, los templos, edificios de banqueros y grandes comerciantes…

En el Foro también se exponían las estatuas de los distintos emperadores y era el escenario de muchos acontecimientos de la ciudad, entre ellos, las representaciones teatrales, los juegos públicos y los desfiles del ejército. También se desarrollaban en este espacio los mercados al aire libre con puestos ambulantes en los que campesinos, artesanos y otros comerciantes vendían o intercambiaban sus productos.

Un elemento muy característico del Foro era los *rostra*, una plataforma o tribuna a la que se podían subir los ciudadanos para dar discursos y alrededor de la cual se colocaban las proas de los barcos que los romanos capturaban en las guerras.

LA SOCIEDAD ROMANA

La población de Roma se dividía en tres grandes grupos:

PATRICIOS

Eran la clase social dominante del Imperio y aunque el porcentaje de sus miembros era pequeño, ostentaban prácticamente todo el poder. Pertenecían a las familias más antiguas de Roma. Tenían una posición económica privilegiada y disfrutaban plenamente de todos los derechos. Ocupaban todos los cargos políticos y religiosos; elaboraban las leyes y eran los propietarios de los latifundios (grandes extensiones de tierra).

PATRICIOS

PLEBEYOS

ESCLAVOS

PLEBEYOS

A esta clase pertenecía la mayoría de la población romana. Eran los «ciudadanos de a pie», personas libres pero con algunos derechos limitados. Se dedicaban a la agricultura, la artesanía, el comercio o el ejército. No podían ocupar cargos públicos y solo les estaba permitido casarse con personas de su misma clase social.

ESCLAVOS

Formaban un grupo muy numeroso (alrededor de un tercio de la población). Generalmente se trataba de prisioneros de guerra que pasaban a ser propiedad del Estado o de un particular (patricio). En función de sus características, habilidades y forma física eran destinados a diferentes empleos.